JN440373

사라진 입술들

양지미 시집

시인동네 시인선 221

양지미 시집

사라진 입술들

시인동네

시인의 말

어깨를 기울이고
가만히 들여다보거나
귀 기울여 듣는 것
금 간 것들

덕분에
때문에
내게 찾아오는 속삭임이 있다.

2023년 11월
양지미

차례

제1부

제2부

제3부

제4부

제1부

말을 먹는 귀

어제 귀가 꾸역꾸역 먹은 말
아침 되자 울컥 게워내는 입
햇빛에 내어 말리기 부끄러웠는데
때마침 비가 온다
때문이라는 말과
형편없다는 말은
햇빛의 찬란을 견디기 어려울 것이다
귀가 소화시키기 어려운 말
되새김질되는 말들은
눈물이라든가
식은땀이라든가
자잘한 조각들로 쪼개지기도 하는데
덩치 큰 말들은
한 덩어리로 뭉쳐져 목구멍을 막는다
비 온다
소화장애 가진 귀 씻으라고
눈물보다 짠 비가 온다

전지적 관찰자 시점

남자가 서툴게 여자를 업는다
하얀 블라우스에 오렌지색 핫팬츠를 입은
싱싱한 여자가 남자 등에 업힌다
남자의 목에 긴장을 두르고 귓가에 앵두 같은 말을 넣는다
사뿐한 여자를 업고
긴장한 계단을 내려가는 남자
얼굴이 붉었다

폭염 경보가 내린 한낮이었다

한 계단씩 걸음 옮길 때마다
뭉클한 가슴이 그의 등으로
그렇게 옮겨 앉았을까
창원터미널 지하도를 다 내려갔을 때
그의 등에 솟은 봉긋한 가슴
몇 날 몇 밤 꺼지지 않는 가슴 때문에
불현듯 생겨난 가슴 때문에
한동안은 엎드려 잠들지도 몰라

박자를 놓쳐 허둥대는 심장과
땀으로 끈적이는 손바닥이 있었다

불멸의 호객행위

저 풀들의
저 꽃들의
저 나무들의
호객행위가 없었다면 산에 들지 않았을 것이다
밥 먹었냐고 아무도 묻지 않는 날들이 길어
사람이 사랑일까 이런 생각하다가
눌러 놓아도 새어 나오는
제멋대로 퉁퉁 불어나는 혼자
그것들과 오래 입 맞추고 싶지 않아
두 발로 꾹꾹 마음 바닥 눌러가며 산을 오른다
아직 덜 여문 얇은 연두까지
제 한 몸 기꺼이 흔들며
어서 오라고 손짓하는 산
온몸에 빽빽한 털을 세워서
야윈 심장을 간지럽히는
처음 본 얼굴과도 하룻밤을 섞는
어색함을 모르는 뼈 없는 여자처럼
낯 두꺼운 호객행위

참!

괜찮은 삐끼다

온 산이 삐끼다

바람마저 삐끼다

담쟁이

비어 있는 담에,
작은 손바닥 하나 찍히더니
벽화는 시작되었다
하루가 다르게 많아지는 손 손 손
각자 다른 지문으로
영토를 확장한다
복잡한 듯 무심한 듯 속력을 내는데
그들에게도 분명한
소리 없는 불문율
나로 인해 너를 막아서지 않는
그림 한 점

롤리타 렘피카

세상에서 제일 싫은 게 비린내라서
롤리타 렘피카 입고 살았어
어쩌다 비늘 하나 눈에 띄어도
무장한 롤리타 렘피카를 앞세웠어
롤리타가 되었다가
렘피카가 되었다가
사람들은 내 이름을 잊어버렸어
나는 비린내를 잊을 뻔했지

사람이 온다는 것
그것보다 더 확실히 같이 오는 건
각자의 비·린·내
그림자처럼 따라붙은 냄새와 같이 오지

나는 롤리타 렘피카
내 비린내는 롤리타 렘피카
내 이름은 누군가의 알 수 없는 비린내

찾아온다는 말

허공에서 상한 열매 골라내듯
한때 내가 손쉽게 솎아내곤 했던 말

찾아온다는 말

아주 가끔 사랑하는 것이나
드문드문 불행하다는 것
그런 사건 앞에 붙이면 어울리는 말

찾아온다는 말

누군가를 향하는 노크도 없이
으쓱거릴 일생의 목표도 없이
추위 뒤에 따라붙어 맨발의 표정을 들이미는 그 말

겨울 속을 무시로 비집고 나와
무작위로 찾아온 추위를 입고 앉아

아픈 꿈을 건너 자주 왔으면 좋을, 아니 오지 않았으면 좋을
그 무엇에 대해
내 맘 자락을 발갛게 물들이고 가는 얼굴에 대해
물음을 던지는 말

태어나기도 전에 연둣빛 심장이 얼어가는 꽃눈 같은 말

찾아온다는 말

날개에 시린 허공을 둘러맨 새들이
언 강에 내리듯
나를 찾아온 그 말

나무의 모세혈관

나무에 잎이 하나도 남아 있지 않다는 건
고해의 계절이 돌아왔다는 것

죄 없는 햇빛과
죄 모르는 바람이
나무를 샅샅이 훑고 지나가는데

일 년에 두 번
고해소를 찾는 나는
수시로 색을 바꾸는 마음에
분칠한 속을 털어놓고는
다소곳한 얼굴이 되어 나오는데

나무는
봄 여름 가을 내내 떳떳했노라고
시린 겨울 하늘에
가는 모세혈관까지
당당하게 펼쳐 보이고 있다

시소게임

이웃이 놀이터 옆 화단에 시든 화분을 내놓았다
죽기 직전 밖으로 나온 벤저민
놀이터에 나온 아이처럼, 휴가를 즐기는 직장인처럼
몸짓 커지고 웃음소리 높다
어느새 생기를 찾아 반짝거리니
내버렸던 주인이 다시 기웃거린다

가고 오는 걸음이 뜻대로 되지 않았다
한 번도 이긴 적 없는 가난한 싸움
이사를 강행하고 괜찮다고 믿었다
내가 믿은 그 마음은 정말 믿어도 되는 마음이었나

시소 옆에서 웃던 화분
밤새 사라졌다

사라진 입술들

보았니?
탑골공원 가면
입술은 사라지고 입만 남은 사람들 많잖아

두툼했던 첫 키스는 터져버린 입술 때문에 들통났고
한동안 저 혼자 부풀어 있었잖아

높다랗게 우르가*를 세우고
설레는 맘으로 빗장을 풀었잖아
기다렸다는 듯 입속에서 터져 나온 말의 씨앗들
소리 없이 입술을 핥기 시작했잖아
붉어진 씨앗들은
선명한 테두리까지 야금야금 갉았잖아

배부른 아이들은 떨어져 나가고
쭉정이들은 뱃속에 남아 똑같은 노래를 불러댔잖아
조금씩 배가 부풀어 올라 쓸데없이 수확을 걱정했잖아

아버지 돌아가실 때쯤 거울 속의 귀가 자란다고 하셨잖아
산란에 실패한 입술 조각들
뒤늦은 고해성사처럼 귓불을 부풀게 한다고 하셨잖아
우르가의 그림자가 사라지면서
그의 입술 그늘도 지워졌잖아
어느새 귀가 자라고 있었잖아

얼굴을 한껏 부풀리며 울어도
입술은 입술로 돌아오지 않았잖아

저기 봐!
우두커니 입술 지워진 사람들

---

*우르가: 몽골에서 동물을 잡는 올가미, 때론 남녀가 정사를 나누는 표식.

임대차 계약

아버지 보내고
어머니 앞니 세 개가 고스란히 내려앉았다
그때 새로 해 넣은 이가 25년 지나
피 한 방울 나지 않고 또 내려앉았다
한 번도 속 썩이지 않고 오래 버텨주어 고맙다고
앞니 빠진 입으로 어머니는 오물오물 말씀하신다
이를 새로 해 넣고 25년을 또 견뎌주면 좋겠다고
툭 한마디 건넸더니
아이고 미쳤다
5년이면 족하지
정색하신다

다산의 이유

꽃구경 갔네
해산 임박한 배부른 벚나무
두 팔 벌려 안아도 손끝 닿지 않는
검은 배꼽 위 둘로 갈라진 가지
친구는 팔을 벌렸다는데
하늘 향해 두 팔 벌린 가지라고
일말의 의심 없이 노래까지 하는데
치켜든 본새가 어쩌면 다리
팔이라면 오래 벌리고 서 있어도
꽃과 열매 낳을 수 없는데
의문이 꽃잎처럼 흩날리는 봄날,
괜히 얼굴 붉어져 서 있는데
고개 끄덕이며 웃는 다산의 벚나무

프러포즈

사람들이 다리라고 부르는 것은
아주 내성적인 섬과 그에 못지않은 섬 사이에
덩치 큰 용기 하나가 그어지는 것이다
외따로 있는 그들은
파도의 가시로 울타리를 치고
녹색 머리칼로 눈을 가린다
팔 다리를 표시 없이 말아 넣은 건
감정 드러나는 것을 경계한 까닭이다
호기심 많은 돌멩이들 쉬지 않고 재잘거려
꿈쩍하지 않아도 멍이 드는 섬
안개 짙은 날
조금 더 용기 있는 한쪽에서
접어둔 팔을 재빨리 뻗어
건너편 섬의 주머니 속으로 쑥스러운 미소를 밀어 넣는 것이다
갑작스럽게 밀고 들어온 손이
뭉툭한 한쪽 허리 간지럽혀도
못 이긴 척 그 은유를 받는 것이다

수줍고 떨리는 어깨에
긴장한 그의 팔이 둘러지는 것이다
발그레한 두 뺨 기대는 것이다

엄마의 오월

소리도 없이 허공에 해산 중인 아카시아
달근한 젖내가 마을을 점령하고
살진 바람을 먹은 사람들
통통하니 볼에 살이 올랐다

오랜만에 같이 간 목욕탕에서
곁눈질로 읽은 엄마의 젖
그림자마저 사라져
이제는 납작 드러누운 젖

뼈까지 마른 등을 밀어드리다
젖은 머리카락으로 눈을 가렸다

아카시아 젖통은 퉁퉁 불어서
터질 듯 아슬아슬 흔들리는데
빈 가슴으로 남은 엄마
살찐 내 등을 끝내 밀어준다 고집하신다

오래된 부케

두터웠던 겨울을 서둘러 장롱 속에 집어넣고는
봄을 꺼내 입은 날
동네 주름살을 따라 걷다가
백 살 먹은 산벚나무
하늘 향한 붉은 가지 끝을 쳐다보다가
난봉꾼 봄바람이
서둘러 치마끈을 풀어 내려서
어찌할 줄 몰라 허둥대는 늙은 허리를 걱정하다가
스스로 한 발짝도 움직이지 못하는
그들의 권태가 궁금하다가
왼쪽 뺨을 스치는 이른 봄바람에
문득,
46억 년 전부터
지구라고 이름 붙인 둥근 오아시스를 우주에 띄워 놓고
지극 정성 부케를 만드는 사려 깊은 손이
아마도 있지 않겠느냐는 생각

죽지 않는 나무

무심했다는 말이
아주 천천히 날아온 3·15 아침

덩치 큰 침묵은 폭력이라는 사실
마른 입술을 비집고 터져 나온 기침을 통해
영문도 모르고 붉어진 거울을 통해 알았다

한 번도 본 적 없으면서
사시나무 떨듯 한다는 말을
죄책감 없이
아무 때나 불러낸 내가
전신의 이파리를 격렬히 떨어대는 사시나무를 마주했을 때
처럼
슬·펐·다

마산 앞바다에 떠오른
김주열의 눈동자에 뚫린 동굴 속으로
천천히 걸어 들어가며

그날의 눈물을 기억하지 못하는
녹슨 창문도 함께 열었다

이름이라는 제목

할머니 액자에 넣고 벽에 걸었다

바를 정, 착할 순
정순이라는 제목을 붙였다

할머니 살아생전 자주 하신 말씀
"나쁜 맘 먹지 마라, 착한 뒤끝은 있다"

부제로 덧붙였다

제2부

원죄의 재구성

아담과 하와 사과를 베어 먹었다
달이 차서 교만을 낳았다

사과를 베어 먹었다

눈이 열리고 선과 악을 구별했다
죄라는 이름을 알게 되었다

교만을 낳고 죄를 알아버린 눈
분질러도 솎아내도
선악의 열매는 에덴의 언덕을 붉게 물들여
수확의 계절은 어김없이 돌아왔다

분열의 시작이었다

비린내

수돗가에 쭈그리고 앉아 생선 비늘을 친다

아직 체온이 남아 있는 아가미
붉은 본능을 누르고
죽지 않는 독약 같은 비린내가 심술 난 마음을 긁는다
방향 없이 튀는 비늘의 표창
얌체 같은 동서는 변명만 한 바구니 싸 들고 나타날 것이다
엄살과 두툼한 돈 봉투로 비늘의 표창쯤은 가볍게 받아낼 것이다
한껏 흘긴 눈으로 바라본 하늘
칼날 없는 바람이 망설임 없이
늙은 벚나무의 비늘을 친다
분분히 날리는 꽃 비늘
수챗구멍 틀어막은 비린내 위에도
볼품없는 마음에도 내려앉는 꽃 비늘

손을 씻었다
쭈그렸던 허리를 펴고 일어서려는데

대문을 들어서는 여우
핑계를 주렁주렁 꼬리처럼 늘어놓는

젠장,
급하게 올라오는 웅크렸던 비린내

청첩

오늘 무화과나무 그늘에서 놀았다
푸른 열매 몇 알이 전구처럼 달렸다

까마득하게 잊고 있던 이름이
녹슨 우체통에 들어 있다

자리를 빛내주십사 하는
푸른 초대장

내가 간다고
자리가 그렇게 빛날까 갸웃거리다
발신인의 이름을 솜사탕마냥 부풀려 본다

어느 순간 어렴풋해졌다고 해도
아무 날,
이름을 잊은 나무 밑에서
딸깍,
한번은 내 스위치를 올려 주었을지도 모르는 일

겸연쩍은 표정으로 내게 온 스위치
딸깍

봄날의 이삿짐

봄바람이 풀어놓은 이삿짐에는
눈 흘길 구석 하나 없다
홁 마당에 아무렇게 펼쳐놓아도
낯가림 없이 제자리 찾는다
구름 뒤 수줍던 햇살까지 불러내
따끔따끔 서툰 농담도 던진다
폭죽처럼 핀 꽃 봄눈같이 지고 나면
비늘처럼 일어나는 초록의 카드섹션
하늘도 웬만큼 자리를 내어줄 요량이다

밍크는 힘이 세다

어머니 전화다

경로당 총무 맡으신 팔순 어머니
회장이 걸치고 온 밍크를 본 후부터
털 빳빳한 밍크 이야기를 자꾸 보낸다
어제와 같이 오늘도
밍크는 검은색이 최고라는 말도 광고처럼 붙여서

동물원에서도 만나지 못한
우쭐거리는 밍크를 어디서 잡을까
토끼나 여우 정도라면 어떻게든 해볼 텐데

앗!
또 어머니 전화다

나는 왜 미안한가

유리창을 두드리며 비가 내린다
빨래를 걷으러 베란다에 나갔는데
한 달 넘게 꽃을 피우다 마침내 시든 蘭에
또 꽃망울이 맺혔다

제 덩치보다 작은 화분에 몸을 담고
계속 꽃을 피우는 蘭
안쓰러운 蘭

누구는 책상머리에 앉아
뭔가를 생산해야 한다는 긴 생각만
담배 연기처럼 피워올리는데

베란다 식구들은 아무 말 없이
아침이면 찾아오는 햇볕을 먹고
수시로 드나드는 바람 냄새를 맡으며
여물고 기우는 얕은 숨소리뿐

빗소리에

아마도 더 분주해질 것이다

슬픈 몸은 옆으로 눕는다

아버지는 지게였다
짐 많은 지게였다
등을 댄 방바닥도 무거웠을까
아버지는 늘 옆으로 누우셨다
지게와 같이 낡고 병든
아버지가 베던 베개
아버지처럼 모로 누운 얼룩에서
밤보다 어두웠을 시간을 읽는다

등 굽은 나도
이제 옆으로 눕는다
한때,
앞으로 흐르는 눈물이 반짝인다 믿었다

오래된 슬픔은 옆으로 흐른다
보일 수 없는 슬픔은 옆으로 길게 몸을 눕힌다

말

말의 고삐를 쥐었다
발로 옆구리를 찰 때마다 말은 속도를 내고
누가 내 옆구리를 찌를 때마다 말은 거칠게 쏟아진다

달리는 말
쏟아낸 말
외상도 내상도 말로 입는다

말이 말을 타고 달린다

고삐를 단단히 쥐지 않으면
순식간에 잃어버리는 말과 말

흰 책

동면 중,
굶주렸던 게다
서둘러 꽃봉오리 여럿 머금은 목련 가지
하나 꺾어 화병에 꽂는다
곧 부풀어 오를 앞섶의 기미
나도 한때 사람 하나 머금은 적 있는데
삼킬까 뱉을까
긴장한 단어들은 뒤로 숨어버리고
허름한 소리만 실없이 번지다 충혈된 입속
쓰라려 어쩔 수 없었다는 핑계로
꿀꺽 소리 없이 삼켜버린 이름
예전에 늙은 나는 망설임 없이
허기진 시간의 경계를 풀어
목련의 입술에 입술을 대고
비릿한 살갗에 비벼도 보고
그때 삼켜버린 몇 날 몇 밤 불러내
아직은 난청인 그들의 귀에
노래하듯 불러보는 파릇한 그대

죄책감 없는 바람이 무작위로 들추는
푸르게 피어날 속수무책 그대들
일시에 무성해질 봄날의 파문

그래도

그래도라는 섬
섬과 섬 사이를 잇는 그래도—
밀물과 썰물로만 오갈 수 있는 섬
괜찮아, 라는 선물이 준비되어 있는 곳
그래도
그래도

묵음

베고니아 시든 잎을 솎아낸다

잎사귀는 조금씩 누래지는데
우리는 서로에게 말을 걸지 않았다

말을 걸지 않고
말을 걸어오지 않는
또 무엇이 시들어가는지도 모르는 저녁

이름을 부르기조차 어색한
사랑 밖에 있는 것들

흙터

길을 낸다고 산을 자르는 거 정도야
이 나라에서는 식은 죽 먹기지
우리 동네 뒷산도 반으로 갈라졌지
사람들 밟고 다닌 자리마다 주름 잡혀서
할머니처럼 다정했던 산길은 사라졌지
잘린 자락 끝에 어색하게 만든 길
약수터 가는 길이 새로 생겼지
불쑥 튀어나올지도 모를 멧돼지나 뱀 등을 조심하라고 했지
호신용 등산 스틱 하나를 손에 쥐었지
무서운 마음에 바닥을 툭툭
일부러 소리 내며 산을 올랐지
멧돼지나 뱀은 나서지 않고
불쑥 튀어나온 다람쥐 한 마리
쪼르르르 가다 힐끔
쪼르르르 가다 힐끔
귀여운 짓에 홀려 뒤쫓아갔지
그랬더니 저는 내가 무서웠는지
우거진 숲속으로 사라져 버렸지

아쉬운 마음에 멈춰 섰더니
산의 수풀이 손톱을 세우고
나를 향해 부르르 몸을 떨었지
그것은 마치 새끼를 지키려는 엄마의 몸짓
등산 스틱 따위가 소심한 창이라면
다람쥐에게는 산 전체가 방패였지
그때부터 산길이 무섭지 않았지
꾸덕꾸덕 상처를 말리는 필사의 산에게
고맙다
다행이다
말하고 싶었지

나비

그럴싸한 외피를 들추면
그 속에서 바글거리는 애벌레
입과 똥구멍이 그들의 생존법
들키지만 않으면
시간만 견디면
껍질을 뚫고 순식간에 날아올라
어두운 시간을 순식간에 지우는
족속

두근거리는 쪽으로 걷다
—주남 돌다리

발치한 사랑니들이 제각각 쌓였다
주천강에서 놓친 소매 끝을 아직도 기억하는 긴 엎드림
잠들지 못한 밤을 조각조각 들어내어 노동으로 빚어놓은 잿빛 얼굴이다
팔백 년을 고스란히 내려앉아서 깨금발 인기척에도 두근거리는 돌다리 위에 섰다
저마다 두근거린 생의 한 페이지를 펼쳐 주천강 허리 붙들고 앉은 사람들
미끼 하나 찌에 매달고 질긴 그늘을 드리웠다
미동도 하지 않는 긴 응시의 시간, 낚싯대 역시 꿈쩍하지 않는다
물오리 떼 자박자박 정적을 깨뜨리고 가을볕의 가여운 눈초리 식어갈 때
우두둑,
헝클어진 마음을 길게 빗어 내리는
주남 돌다리 긴 그림자

포장

사랑한다는 말은 사치였다

낡은 신문지로 둘둘 싸맨
엄마의 단골 도시락 반찬은
작은 유리병에 눌러 담은 김치
기어코 흘러나와 흔적을 남기고
가난하고 쓸쓸한 냄새를 풍겼다

포장할 수 없어 투명했던 날들
모른 척 한 시간이 지나갔다

얼룩진 기억도 희미해지고
가여운 눈빛만 고스란히 남아

한 번도
내 맘에서 구겨진 적 없는 어머니

제3부

휘파람

숲으로 나가
새가 앉지 않는 나무가 있거든
그 나무 아래에선
몸속 깊이 숨겨둔 악기
명랑한 악기는 꺼내면 안 돼
입술 뒤에 감춘 노래의 탯줄
휘파람 소리 들켜버리면
우울의 잎사귀가 부스스 머리를 털고
잠에서 깨어날지도 몰라

숲으로 나가
새가 울지 않는 나무 있거든
그 나무 아래에선 웃음소리 내지 마
우울의 이파리 채찍처럼 떨어져
아물지 않는 상처 만들지도 몰라

소화불량

내시경 검사를 한 날
식도를 통하여 위, 십이지장까지 내려가는 카메라를 따라 읽는다
의사는 울긋불긋 속살에 셔터를 누른 뒤 염증이 좀 있을 뿐 괜찮다는 진단이다

자살은 분명 아니었다
120Km의 속도를 허용하는 고속도로
고라니 한 마리, 브레이크 따윈 잡을 새도 없이 쿵 소리와 함께 시야에서 사라졌다
속이 몹시 쓰렸다

처방받은 약을 한 움큼 털어 넣고 찾은 헤어샵
순서를 기다리는 사람들이 뒤적이는 잡지 속에는 꿈을 좇는 사람과 이미 꿈이 된 사람이 엇갈려 등장한다
모가지 길게 빼고 그들의 이야기를 읽다 무심코 바라본 거울 속 내 얼굴이 파리하다

짧아진 머리카락을 쓱 한번 매만지고 거리로 나섰다
방향 잃은 고라니처럼
불안한 눈동자로 남게 되지 않을까
다시 한 움큼 약을 털어 넣는다

배관의 사회성

말[言]을 잘못 먹었다

늦은 밤
몸속 배관이 오늘 하루를 낭패로 배설한다
한껏 차려입은
늙지 않는 얼굴 자랑하는 식탁에서
어쩌다 큰돈 번 친구가
아직도 "왜" 그곳에 사냐고 물었다
질문 뒤에 숨은 그녀의 날름거리는 혀와 번들대는 입술
숟가락이 무거웠다
웃어넘기지 못해
꿀꺽 삼키지 못해
상해버린 비위의 되새김질 덕분에
사회성 떨어지는 낡은 집도
몸속 배관도 뒤틀리고 있다

과식보다 무서운 결핍의 배설
깊은 밤 수직 통로를 깨운다

눈[眼]의 연금술

온다 온다
눈이 낸 길을 따라
말이 온다
마음이 온다
전부가 온다

매일 다르게 부는 바람처럼
온도가 다른 눈빛이
저마다의 속도로 눈길을 걸어온다
수만 갈래 눈의 언어가 쉴 새 없이 뒤섞이는
세상의 중심에
네가 있고 내가 있다

익어가거나
식어가거나

노거수

백 년을 산 나무는
큰 귀를 가진 노인과 닮았다

늙는다는 건 몸에 물기가 서서히 빠지는 것
늦가을 단풍 본다고
색바랜 노인들 공원을 걷는다
단풍이라고 하기엔 몇 이파리 남지 않아
이제는 서로가 앙상해질 시간
빈 나뭇가지에 내려앉은 빛
가늘게 휜 다리 사이를 지나가는 바람
바삭거린다

봄 여름 가을을 통과한
빛의 그늘에 선 사람들
갈수록 무성해지는 저마다의 귀에
또 한 계절을 새기고 있다

지친 내색도 없이 백 년,

소리 없는 귀만 남겨 겨울을 나는
나무와 닮았다

미역

올여름에는 꼭 어머니 모시고 휴가를 가야지
생각만 하다가 달력만 보다가 여름이 다 갔다
마음이 허해서 속을 채울 미역국이나 끓여 먹을까
미역을 꺼내다 손가락이 찔렸다
바짝 마른 미역이 가시가 되기도 하는구나
손가락 위로 올라앉는 붉은 피
입으로 빨아 먹었다
그사이 몸푼 미역
뼈가 없다
자식 낳고 흐물흐물 미역국을 얼마나 드셨을까
어머니
뼈가 없다
올가을에는 꼭 어머니 모시고 여행을 가야지
붉어진 마음을 삼킨다

입술의 칼

하늘에 말의 씨앗을 뱉었어
물은 주지 않았어
심심할 때 눈 맞추었을 뿐인데
말의 씨앗이 희한하게 잘 자랐어
수확할 마음은 전혀 없었어
가시 달린 열매가 농익어 떨어졌어
상처 입은 사람들이 눈을 흘겼어
그럴 의도 없었다고 해명해도
붉은 흉터가 곳곳에 남았어
어두울 때 툭툭 뱉은 씨앗이
쓸쓸한 결실 맺을 줄 몰랐어
부메랑처럼 돌아와
내 심장에 꽂히는 입술의 칼이었어

은빛노인대학

사~~아~~안~토~~오~~끼 토~~오~~끼~~야

은빛노인대학 노래교실
목 풀기로 앞장선 산토끼는
무릎이 시큰거려 뛰기는커녕
한 소절 넘을 때마다 비틀거리고
목소리 가다듬어 불러보아도
몇 걸음 만에 주저앉는 산토끼
다음 차례로 불려 나온 노래는
트로트 명곡 안동역에서
첫눈이 내리던 날 맹세했던 사랑은
떨리는 목소리에 녹아내리고
허무한 맹세는 무너져 버렸다
어머나! 어쩌나! 이러시면 곤란한데
그럼에도 불구하고
마디마디 꺾고 굽은 세월이 따라붙는
은발 학생들 어여쁜 합창

바닥

"바닥을 치는 중이야"
너는 일말의 예의도 없이
부서지는 파도처럼 바닥을 말하지
네 혀가 치는 바닥은 탄력이 있어
소리를 질끈 물고 있으면
날름거리다 말랑거리다
금방 분홍으로 돌아가 버려
하지만 바닥은
그렇게 쉽게 친다고 해서는 안 되는 말
그것은 산산이 부서진다는 말
퇴로를 잃은 곤궁과 절박으로
돌아볼 곳 없는 나를 깨우는 말
온기라곤 없는
위로의 관절이라곤 없는 몸이
필사의 반동으로 깨뜨리는 말
등짝에 옮겨진 붉은 균열 사이로
어쩌면 싹 하나가 돋아나는 말

사춘기

너는
꿈을 꾼다고 했지
사랑이란 것을 책으로 배워
눈동자에 걸어둔 그물을 내리면
누군가가 그 속으로 걸어 들어올 거라고
보랏빛 눈 그물에 걸리는 사랑이
네게도 그렇게 찾아올 거라고

나는
꿈을 깼다고 했지
시시(視視)했으나 시시해진
사랑이란 것을 알아버려서
빈 그물로 돌아오는 배에 대해서

그럼에도 불구하고
네 꿈 깨지 말기를
하루빨리 네 눈동자 출렁이기를
그물이 쏟아내는 은빛 바다 이야기를

촘촘히 엮어내는 날이 오기를

때때로 시처럼 읽히기를

오늘의 식목

아픈 나무를 옮겨 심었다
웃음도 눈빛도 말라 있었다
물을 듬뿍 주었으나 키는 자라지 못할 것이다
밤이 길어지자 나무는 점점 우유부단해졌다
눈을 맞출 때마다
되고 싶은 이름들이 되고 있었다
머리를 짧게 자르며 말도 짧게 잘라 주었다
다시 돌아가자는 말과
자주 온다는 말로 솜사탕을 만들어 쥐어 주었다
솜사탕 먹은 귀는 달콤해져서 스르르 깊은 잠에 빠져들었다
호흡이 손톱 발톱만 자라게 했다
서두르지 않아도 시간은 똑똑 깎여 나갔다

나무였던 그를 옮겨 심었다
태초부터 수평의 식목은 양지바른 곳
양지를 가진 적 없어 걱정도 없었다
기다리지 않아도 해마다 부활할 수평의 식목일
먼나무의 이름으로 잊힐 그 이름을 눌러 덮었다

방부목

삐걱거린다
아카시아 향을 따라 5월을 걷는데
그 소리도 우리를 따라 걷는다
하천을 따라 길게 누워서
가지런한 치아처럼 단정했는데
갈라지고 부서져도 썩을 수는 없는 몸
틈새마다 신음 소리 새어 나오는
죽은 듯 죽을 수 없는
존재들의 몸부림

선흘 미술관

제주 선흘에 가보고 싶다
팔순 넘어
글과 그림을 배우는 할머니들이 사는 곳

나는 지금껏 수많은 선생을 만나 가르침을 받았는데
그래도 이 꼬라지밖에 안 되는데

태어나 처음으로 선생을 만나
그것도 참 좋은 선생을 만나
첫 글을 쓰고
첫 그림을 그리며
사는 것이 이렇게 행복한 줄 몰랐다는
오래 살고 싶다는
선흘의 할머니들

계단의 단계

눈이 흐리고 귀가 먹먹한 날
입은 쓰고 목소리가 잠기는 날
그런 날에 계단을 쌓았다
아무도 모르는 깊은 곳에 계단을 쌓았다

세상에 비밀은 없다고
비밀 많은 사람들이
더 자주 그 말을 하고 다녔다

계단이란
어딘가를 향해 오르내리는 목적
향할 곳이 없는 계단 높아질수록
계단은 더 이상 계단이 아니었다
비밀은 더 이상 비밀이 아니었다

결심을 결심하는 까닭

백일 견딘 배롱나무꽃이 떨어지면
가로수 은행나무가 초록을 조금씩 밀어내면
여름과 가을이 자리를 바꾼다

묻지 않았지만
헤어짐의 결심까진 없었을 것이다

헤어짐,
그 단호한 선택을 하기에는
마음의 경계에 위태롭게 선
사랑이라고 하는
좀체 떨쳐지지 않는 그것만이
결심을 결심해야 할 이유일 것이다

제4부

맹그로브 숲

맹그로브 숲을 보러 갔었지
갯벌 위로 자라는 뿌리로 호흡하고
바다에 주아라는 새끼를 낳는 나무
서로의 어깨를 길게 걸치고
무성한 잎으로 파도를 막아
아낌없이 주는 나무라 불리기도 한다지

새길요양원 병실마다
누군가의 아버지 어머니인 사람들
마른 뿌리가 되어 나란히 누웠지
말라버린 우물처럼 속을 비웠지

새길요양원은 맹그로브 숲
아낌없이 주어서 남은 것 없는
이름을 잊은 늙고 병든 나무들이
초점 없는 눈으로 혼자 누웠지

사람

자꾸 기대려고 하지 마
그러다 같이 넘어지면 어떡해
그러니 제발
균형을 잡아줘

양팔저울

전문가는 단호했다
사랑의 저울은 절대 대칭되지 않는다고

길이 아닌데
길이라고 우기고
길이 난 척
그 길을 향해 걸었다

처음부터
기울어진 저울임을 알고 있었다

엉덩이의 인격

비밀을 알게 되면 편도가 붙는 탓에
풍만한 엉덩이를 믿어 보았다
결코 누설해선 안 된다는 건 암묵적 약속
깊은 골짜기 속에 숨긴 비밀은 영원한 비밀이 될 줄 알았다
보이지 않아도
소리 내지 않아도
세상 모든 것에 눈과 귀가 있다는 것
냄새까지 기막히게 맡는다는 사실을
엉덩이 사이에서 슬슬 흘러나온
숨길 비와 빽빽한 밀을 주워 담으며 알았다
풍만함이 전부가 아니라는 것을
삼키지 못한 말을 뱉고 나서 알았다

이번 감기는 너무 지독해

일 년에 한번
서로의 안부를 확인하는 자리
약속한 듯 감기를 달고 나온 친구들
미지근한 이마는 손바닥으로 가리고
간헐적 기침을 내뱉으며 하는 말
“이번 감기는 너무 지독해”

해마다 더 지독해지는 너와 나의 감기
테이블 위에 펼쳐놓는 저마다의 증상들
눈치 없는 코는 점점 길어지고
친구들 입술은 바짝 마르는데

모서리 벌어진 탁자만 새겨들은
저만 아픈 이야기,
감기 이야기

아스팔트의 눈물

뼈들의 신음 자주 들렸다
골다공증 초기라며 의사는 걷기를 권했다
양지바른 교회 앞 8차선 도로
무거운 짐 진 자들은 다 내게로 오라
펄럭펄럭 현수막이 손짓하는 길
빨간 지시등을 든 사내가 갈 길 바쁜 사람들을 막아 세웠다
움푹 파인 피부, 튀어나온 뼈
병명 없는 병을 앓고 있는 길
그 길 위로 바퀴뿐인 둥근 미싱이 전진 후진하더니
박음질 표시 없이 매끈하게 꿰매졌다
신음 같은 뜨거운 호흡마저 없었다면 고통도 하나 없는 줄 알았다
갑자기 그 길 위에 쏟아지는 비
허둥대며 흩어지는 사람들 발아래
방금 수술 끝낸 아스팔트가
진득진득 검은 눈물을 토해내었다
양지바른 교회를 열렬하게 드나드는 수많은 신도들 밟고 다닌 길

단정한 의복 단정한 박자로 신실한 사람들이 종횡무진하던
길
그들의 옷 속에 깊이 감춘 삶의 무게
온몸으로 받아냈을 침착했던 저 길
그렇게 병든 저 길의 눈물
때로는 아스팔트도 눈물을 흘린다는 사실
골다공증을 앓게 된 나이가 되어서야
비로소 알았다

입에 발린 소리

"침이나 바르고 그런 소리 하라고"

멋지다고 했는데
순식간에 돌아온 말
아! 그때 알았지
듣기 좋은 말에는 침을 발라야 한다는 사실

공짜 디저트 같은
서비스의 말을 해야 된다면
입에 듬뿍 침을 바르자
상대방의 귓가에 닿기도 전에
산산이 부서져 버리지 않게

메마른 말들
무게도 없이 날아다니는
허공을 향해
수시로 퉤퉤 침이라도 뱉자

오동나무

비 맞고 선 장롱 한 그루
한때, 누구나 탐내던 품위 있는 감옥
박피 당한 속살로 견딘 세월이
노란 딱지 붙은 폐기물로 실려 간다

책갈피

읽다 접어놓은 페이지
구겨진 활자들
눈을 가늘게 뜨고 있다
이제 가을볕의 온도를 가졌으니
그대들 눈꺼풀을 쓰다듬어 줄 수도 있겠다

둥글게 차오르는 활자들의 노래
뒤따라간다 장담했으나
꼬리까지 달린 음표들의 잰걸음
뒤꿈치라도 잡으려다 목이 쉬었다

미안하다고
귓가에 걸터앉아 머물다 가는 말보다
너도 나처럼 오래 아팠겠다고
갈라지 이마에 손을 대본다

쿨하지 못해 미안해

새로 산 반지가 반짝거렸나
'네 손은 예쁘지'와
'네 손도 예쁘지'는 분명 다른 말
'은'과 '도' 사이에서 길을 잃었다

다이아도 아닌 큐빅
손가락에서 반짝였는데
'손'도 예쁘다고 해줄 것이지
'손'만 예쁘다고 야박하게 말하는지

이왕이면
선물처럼
'은' 대신 '도'를 붙여 줬다면
그대 마음도 반짝일 건데

회춘

바야흐로 겨울인데
봄 아지랑이 같은 마음이
분간 없이 자꾸 피어오르면
필시 어딘가 탈이 날 징조

비릿한 냄새는 병의 전조 증상
불치병은 아니니 걱정 말라는
그 말을 굳게 믿고 싶은데
냉수를 한 사발 들이마셔도
자꾸만 스멀스멀 올라오는 아찔한 싹

호박꽃 그 열매

혼자 노는 아이처럼 시무룩하던 날
시골집에 다녀온 친구가 건넨 호박 한 덩이
혈색 없는 얼굴에 주름도 깊다
호박죽 한 그릇이 위로가 될 것 같아 슬근슬근 해산시켜 갈라놓은 뱃속에는 웃는 입만 커다란 제 어미를 닮은 하얀 동전 같은 자식들 가득하다
할아버지는 할머니를 호박 같다 하셨다
호박같이 둥글게 모서리 없는 삶을 살다 가신 할머니
귀 없는 호박꽃을 예쁘다 하셨다
제 이름 붙은 땅 한 평 없어도 탯줄 달린 자식들 쑥쑥 낳아 놓고
그늘 없이 스러지니 괜찮다 하셨다
몽글몽글 노랗게 끓고 있는 호박죽
한 번쯤은 꽃이 되고 싶었을 늙은 몸이 서툰 향기로 집안을 장식한다

잉여인간

예상보다 행렬이 길어지고 있었다
1절부터 4절까지 노래는 길게 반복되었다

음표 밑에 줄을 맞춰 붙어 있지만
어쩌다 호출되는 2절과
머뭇거리는 3절과
까마득한 4절의 이야기를 듣는다

오늘은 1절처럼
해쓱한 그들의 얼굴이 먼지처럼 피어올랐다

매끄러운 얼굴의 1절 뒤에는
긴 목을 가진 나머지가 있다
피아노의 페달을 아프게 밟으면 그들의 속내를 들을 수 있다
예상보다 행렬이 길어지는 곳에 가면 어색한 목소리 들을 수 있다

변명

잊어버린다는,
잊고 버리기까지 한 것

잊어먹었다는,
잊고 먹어 버렸다는 것

잊고 버린 것보다
잊고 먹은 것이
조금 더 따뜻한 변명

등급을 묻습니다

그는,
왕피리 마을에 산다고 했다
깊숙한 가을 숲에서
직접 따 왔다는 송이와 능이버섯
불영사 입구 좌판에 펼쳐놓았다

자태가 꼿꼿한 A품과
머리가 이미 후들거리는 B품을 두고
둘러싼 사람들이 고민하는데
한 남자가 불쑥
B품보다 더 못한 건 없냐고 묻는다

포대자루에서 나온
B품보다 더 못한 B품을 두고
눈치 보던 이들이 서로 산다고 다투는데
나는 얼른 돈부터 내밀었다

시선 집중

딸 둘을 훌륭히 키워냈으니 항상 어깨가 봉긋한 안나 씨
서울 사는 큰딸이 생일 선물로
얼굴을 당겨 올려 주었다면서
10년은 젊어져 돌아왔는데
이마부터 눈과 볼, 웃음까지 팽팽하다
부러움과 호기심도 덩달아 풍성한데
목소리는 어찌 당겨지지 않았는지
주님은 나의 목자가 아니라
주우우우 니이이임으으은 나아아아의 모오오옥자아아
마음껏 부려놓은 끝장의 비브라토
소리 없는 웃음 만발한 가운데
안나 씨
더 가열차게 목소리를 떨어댄다

X-ray

바람이 지나가고 있었던 것이다
빛바랜 목걸이를 늘어뜨린 여자
닫히지 않는 고리가 쉼 없이 갉아대는
미완성의 틈새를 들여다본다
느린 걸음으로 따라잡지 못한 꿈은
읽지 못한 고전처럼 책장을 떠나지 못한다
아직도 나는 설렘 한 페이지로 펼쳐지지 못하고
아무도 모를 열꽃으로 피고 지는 얼룩이다
바람의 흔적은 어떻게 남는지
스스로를 쉬지 않고 흔들어대는
어둠을 막아서는 조급한 오후
숨소리 아주 미약하지만
미완성의 활자들이 들썩이는 몸
쉽게 열리지 않는 문밖을 서성이는
암호 중의 암호를 솎아내는 눈빛이다

해설

사람이 온다는 것

장예원(문학평론가)

1. 정직한 정념에서 출발한 정체성의 시적 여정

그런 날들이 있었다. "네가 없으면 살 수가 없어"라는 말을 서슴없이 던지던 때가. 이제는 꿈을 깨고 "시시(視視)했으나 시시해진 사랑이란 것을 알아버려서"(「사춘기」) 입 밖에 못 낼 대담한 고백을 수백 번 속삭이고도 성에 차지 않아 밤새 연애편지를 쓰던 시절이. 우리는 상상할 수 있다. "하얀 블라우스에 오렌지색 핫팬츠를 입은 싱싱한 여자"를 등에 업고 계단을 내려가는 남자의 얼굴이 얼마나 붉었을지. "한 계단씩 걸음 옮길 때마다/뭉클한 가슴이 그의 등으로 그렇게 옮겨 앉았을까" 하는. 그래서 남자는 "몇 날 몇 밤 꺼지지 않는 가슴 때문에"

"한동안은 엎드려 잠들지도" 모르겠다고. 아마도 한동안은 "박자를 놓쳐 허둥대는 심장과 땀으로 끈적이는 손바닥"(「전지적 관찰자 시점」)에서 벗어나기 어려웠겠다고. 하지만 모든 열정이 그러하듯이 서로를 향해 피어올랐던 불꽃도 촛농만 남기고 사그라진다. 양지미 시인은 빛과 열기를 사방에 흩뿌리던 젊음의 순간이 지나가고 난 이후의 시간을 뒤좇는다. 어느 노래 가사처럼 젊은 날엔 젊음을 모르고 사랑할 때엔 사랑이 보이지 않아서 우리는 더더욱 빛과 열기의 순간을 무심코 보낼 수밖에 없다. 그러나 어떤 이들은 그 찬란한 순간을 잊지 못해 오랜 잔상을 자신 안에 새긴다. 빛나던 순간들이 사그라들다 마침내 무심한 바람결에 꺼지는 광경은 언제나 슬프기 때문이다. 오래된 슬픔을 머금고 시인은 묻는다. 순정을 맛볼 수 있는 시절은 왜 이리 짧은 것일까? 그녀는 "나도 한때 사람 하나 머금은 적 있는데/삼킬까 뱉을까" 망설이다 "그때 삼켜버린 몇 날 몇 밤 불러내/아직은 난청인 그들의 귀에" 노래하듯 불러보려 한다. 그녀가 아무리 "쓰라려 어쩔 수 없었다는 핑계"를 대려 해도 "죄책감 없는 바람이 무작위로 들추"어 내 "푸르게 피어날 속수무책 그대들"(「흰 책」)을 말이다.

그것은 시인이 "입술은 사라지고 입만 남은 사람들"이 많은 상황을 그냥 내버려 둘 수 없어서이다. 입술은 말하는 것, 먹는 것, 감각을 느끼는 것, 키스를 하는 것이기도 하다. 입술은 우리가 의식의 길에 들어서기도 전에 처음 나타나는 순수한 감각의 많은 부분을 담당하고 있다. 물론 순수한 의미에서의 감각이란 거의 실현될 수 없는 하나의 추상적인 개념이다. 그러나 시인은 그 실현 불가능한 순수한 감각을 "첫 키스"의 "터져버린 입술"과 남녀가 정사를 위해 우르가를 세울 때의 "설레는 맘"으로 구체화한다.

> 보았니?
> 탑골공원 가면
> 입술은 사라지고 입만 남은 사람들 많잖아
>
> 두툼했던 첫 키스는 터져버린 입술 때문에 들통났고
> 한동안 저 혼자 부풀어 있었잖아
>
> 높다랗게 우르가를 세우고
> 설레는 맘으로 빗장을 풀었잖아
> 기다렸다는 듯 입속에서 터져 나온 말의 씨앗들
> 소리 없이 입술을 핥기 시작했잖아
> 붉어진 씨앗들은
> 선명한 테두리까지 야금야금 갉았잖아
>
> 배부른 아이들은 떨어져 나가고
> 쭉정이들은 뱃속에 남아 똑같은 노래를 불러댔잖아

조금씩 배가 부풀어 올라 쓸데없이 수확을 걱정했잖아

아버지 돌아가실 때쯤 거울 속의 귀가 자란다고 하셨잖
아
산란에 실패한 입술 조각들
뒤늦은 고해성사처럼 귓불을 부풀게 한다고 하셨잖아
우르가의 그림자가 사라지면서
그의 입술 그늘도 지워졌잖아
어느새 귀가 자라고 있었잖아

얼굴을 한껏 부풀리며 울어도
입술은 입술로 돌아오지 않았잖아

저기 봐!
우두커니 입술 지워진 사람들

—「사라진 입술들」 전문

젊음이 생동하던 생의 초기에나 가능한 순정한 감각들은 기억과 습득이 많아지면서 "입속에서 터져 나온 말의 씨앗들"에게 자리를 빼앗긴다. "말의 씨앗들"은 "소리 없이 입술을 핥아" 입술의 붉은색과 테두리를 야금야금 갉아 먹고는 입술의 순수한 기능과 형태를 없앤다. 더욱이 말의 씨앗에서 나온 쭉정이들은 상투적 언어로 "똑같은 노래"를 불러대느라 아버지의 귀만 자라게 한다. 이제 "우르가의 그림자가 사라지면서", "입술 그늘"도 지워지고 "입술은 입술로 돌아오지" 않는다. 입술의 상실은 젊음의 상실과 불가피하게 연관되어 있다. 감각의 순수함과 반짝이는 색채를 잃어버리는 것. 그러나 시인 양지미는 젊음을 지나오고도 그 순수한 시각의 내밀한 전율을 포기하지 않으려는 듯 보인다. 그녀는 포장된 언어로 주어진 길을 가기보다는 세계가 지닌 본래의 감각과 인간다움의 미로를 탐색하고 싶어 하는데 이번 시집에서 그녀는 그러한 것들을 종종 후각적 심상으로 드러낸다.

세상에서 제일 싫은 게 비린내라서
롤리타 렘피카 입고 살았어
어쩌다 비늘 하나 눈에 띄어도
무장한 롤리타 렘피카를 앞세웠어
롤리타가 되었다가
렘피카가 되었다가
사람들은 내 이름을 잊어버렸어
나는 비린내를 잊을 뻔했지

사람이 온다는 것
그것보다 더 확실히 같이 오는 건

각자의 비·린·내
그림자처럼 따라붙은 냄새와 같이 오지

나는 롤리타 렘피카
내 비린내는 롤리타 렘피카
내 이름은 누군가의 알 수 없는 비린내

—「롤리타 렘피카」 전문

냄새를 맡고 인지하는 행위는 언어로는 형언하기 어려운 모호한 느낌을 감지할 때와 유사하다. 그래서 시각으로는 파악할 수 없거나 의도적으로 숨겨진 정황을 알아내면서 '낌새를 채다'와 같은 언어를 사용한다. 사실 우리는 굳이 냄새를 의식하지 않아도 늘 무엇인가를 맡고 있다. 세계의 행위자들은 냄새의 원인이 되는 입자를 언제나 내보내고 있기 때문이다. 그러므로 "사람이 온다는 것/그것보다 더 확실히 같이 오는 건/각자의 비·린·내/그림자처럼 따라붙은 냄새와 같이 오지"라고 말할 수 있는 것이다. 이렇듯 후각은 인간의 통제와 인지 영역 밖에 있으면서도 그 작용이 상호 간에 동시에 이루어지는 동물적 본연에 가까운 감각이다. 후각만큼 선호와 배제를 반사적으로 가르는 감각이 있을까? 향기와 악취가 구별되듯 우리는 나에게서 뿜어나오는 냄새로 인해 상대방에게 배제당할지도 모른다는 불안감을 가지고 산다. 어쩌면 향수를 뿌리는 이유는 배제당하지 않기 위해서일지도 모른다. 「롤리타 렘피카」의 "나"는 롤리타 렘피카로 감추었던 자신의 비린내를 고백한다. 롤리타 렘피카는 프랑스의 유명 디자이너가 출시한 향수이다. 비린내와 섞인 향수로 나는 롤리타도 되었다가 렘피카도 된다. 그러나 내가 롤리타도 되고 렘피카도 되는 사이 "사람들은 내 이름을 잊어버"리고 나 역시 나의 "비린내를 잊을 뻔" 한다. 어쩌면 이 시의 마지막 연인 "나는 롤리타 렘피카/내 비린내는 롤리타 렘피카/내 이름은 누군가의 알 수 없는 비린내"라는 문장들은 냄새가 뒤섞이듯 서로에게 영향을 끼치는 관계와 변화되는 정체성의 양상을 의미하기도 하지만 한편으로는 내가 누구인지 아무도 묻지 않는 세태 속에서 본질적인 나를 잊지 않으려는 역설적 의미로도 읽을 수 있다. 그리고 바로 이 지점에서 양지미 시인의 세계에 대한 전반적인 문제의식이 드러난다.

서로가 누구인지 아무도 묻지 않는 무심한 세계는 내가 "렘피카"가 되든 "롤리타"가 되든 내 이름을 잃고 "누군가의 알 수 없는 비린내"가 되든 상관이 없는 "사랑 밖에 있는 것들"로 가득 차 있다. 그것은 애정 어린 보살핌을 받지 못한 화분들이 시들듯 "잎사귀는 조금씩 누래지는데", "말을 걸지 않고/말을 걸어오지 않는/또 무엇이 시들어가는지도 모르는 저녁"이며 "이름을 부르기조차 어색한"(「묵음」) 것들이다.

2. 사랑 밖에 있는 것들을 다루는 방식

"이름을 부르기조차 어색한/사랑 밖에 있는 것들"은 타인의 마음을 살피고 배려하는 동시에 필요하면 용기를 발휘하는 말과 행위와는 거리가 멀다. 이러한 "사랑 밖에 있는 것들" 때문에 생기는 괴로움은 상대적으로 타자들이 경험하는 상처와 고통, 굴욕의 구체성에 대한 감수성과 감각이 좀 더 예민한 사람의 몫이다. 그리고 이것은 아무리 단련하고 무장해도 익숙해지기 힘들다. 아래에 인용하는 시 「배관의 사회성」과 「말을 먹는 귀」는 타자의 말로 상처받은 사람들의 내면에서 작용하는 정념의 양상을 구체적으로 형상화하고 있다. 데카르트에 의하면 정념이란 외부 대상을 수동적으로 지각할 때 생겨나는 기쁨과 슬픔, 사랑과 미움 등의 다양한 감정 혹은 정서를 의미한다. 하지만 '정념'이라는 말은 감정이나 정서라는 말보다 인간이 외부 세계를 '수동적'으로 지각한다는 사실과, 감각 지각이 인간 내부에 일으키는 감정적 '동요'의 효과를 더 잘 포착한다는 특징을 지닌다. 「말을 먹는 귀」의 시적 주체는 상대방으로부터 "때문이라는 말"과 "형편없다는 말" 때문에 상처받았지만 내색하지 못한 듯 보인다. "귀가 꾸역꾸역 먹은" 말들은 "소화시키기 어렵"고 계속해서 "되새김질되는 말들은" "눈물"이나 "식은땀", 때로는 "목구멍을 막는" 형

태로 육체에 실제적 반응을 일으킨다. 우리가 주지하듯, 감정이 신체적 반응과 밀접한 관련이 있다는 사실을 시인은 시적으로 구체화하고 있는 것이다. 이 때문에 "소화장애 가진 귀 씻으라고" 때마침 오는 비는 "눈물"인지 '빗물'인지 알 수가 없는 객관적 상관물이 된다.

> 어제 귀가 꾸역꾸역 먹은 말
> 아침 되자 울컥 게워내는 입
> 햇빛에 내어 말리기 부끄러웠는데
> 때마침 비가 온다
> 때문이라는 말과
> 형편없다는 말은
> 햇빛의 찬란을 견디기 어려울 것이다
> 귀가 소화시키기 어려운 말
> 되새김질되는 말들은
> 눈물이라든가
> 식은땀이라든가
> 자잘한 조각들로 쪼개지기도 하는데
> 덩치 큰 말들은
> 한 덩어리로 뭉쳐져 목구멍을 막는다
> 비 온다
> 소화장애 가진 귀 씻으라고

눈물보다 짠 비가 온다

—「말을 먹는 귀」 전문

말[言]을 잘못 먹었다
늦은 밤
몸속 배관이 오늘 하루를 낭패로 배설한다
한껏 차려입은
늙지 않는 얼굴 자랑하는 식탁에서
어쩌다 큰돈 번 친구가
아직도 "왜" 그곳에 사냐고 물었다
질문 뒤에 숨은 그녀의 날름거리는 혀와 번들대는 입술
숟가락이 무거웠다
웃어넘기지 못해
꿀꺽 삼키지 못해
상해버린 비위의 되새김질 덕분에
사회성 떨어지는 낡은 집도
몸속 배관도 뒤틀리고 있다
과식보다 무서운 결핍의 배설
깊은 밤 수직 통로를 깨운다

—「배관의 사회성」 전문

「배관의 사회성」 역시 마찬가지다. "말[言]을 잘못 먹"은 시적 주체는 "늦은 밤"에 "오늘 하루를 낭패로 배설한다". 그것은 모처럼 만난 식사 자리에서 "늙지 않는 얼굴 자랑하는", "큰돈 번 친구가" "아직도 "왜" 그곳에 사냐고 물은" 질문 때문이었다. "과식보다 무서운 결핍의 배설" 때문에 주체는 밤늦도록 잠 못 들고 있는 것이다. 더욱이 「비린내」라는 시에서는 우리의 내부에 일으키는 감정적 '동요'가 신체적 반응뿐 아니라 후각적 이미지로도 형상화된다. 「비린내」의 주체는 현재 심술이 난 상태이다. 본인은 시댁에서 "수돗가에 쭈구리고 앉아 생선 비늘을" 치고 있는데 "얌체 같은 동서는 변명만 한 바구니 싸 들고 나타날 것"이기 때문이다. "독약 같은 비린내가 심술 난 마음을 긁"어서 그녀의 신세는 더 처량하게 느껴진다. 여우 같은 동서의 "엄살과 두툼한 돈 봉투"가 우직하게 쭈구리고 앉아 일한 "비늘의 표창쯤은 가볍게 받아낼 것"이기에 상대적 박탈감은 더욱 심화된다. 생선 손질을 다 하고 일어서는 찰나 동서는 들어오고 그 순간에 "급하게 올라오는 웅크렸던 비린내"는 이 불편한 상황과 내면의 수치심을 가장 적확하게 표현한 후각적 이미지이다.

수돗가에 쭈그리고 앉아 생선 비늘을 친다

아직 체온이 남아 있는 아가미
붉은 본능을 누르고

죽지 않는 독약 같은 비린내가 심술 난 마음을 긁는다
방향 없이 튀는 비늘의 표창
얌체 같은 동서는 변명만 한 바구니 싸 들고 나타날 것이다
엄살과 두툼한 돈 봉투로 비늘의 표창쯤은 가볍게 받아낼 것이다
한껏 흘긴 눈으로 바라본 하늘
칼날 없는 바람이 망설임 없이
늙은 벚나무의 비늘을 친다
분분히 날리는 꽃 비늘
수챗구멍 틀어막은 비린내 위에도
볼품없는 마음에도 내려앉는 꽃 비늘

손을 씻었다
쭈그렸던 허리를 펴고 일어서려는데
대문을 들어서는 여우
핑계를 주렁주렁 꼬리처럼 늘어놓는

젠장,
급하게 올라오는 웅크렸던 비린내

—「비린내」 전문

그러나 이렇듯 신체에까지 영향을 미치는 정념의 역할이 꼭 부정적인 것은 아니다. 내 몸에 좋은 것과 나쁜 것을 경험하게 하여 나에게 좋은 행위를 하도록 유도할 수 있기 때문이다. 과도한 정념은 분명 조절할 필요가 있다. 그것은 과도한 신체적 반응으로 발현되기 때문이다. 과도한 정념에 대한 조절을 스스로 체득하는 일은 그것을 무조건적으로 통제하고 억압하려는 의도라기보다는 스스로에게 이로운 것을 선택할 수 있도록 몸과 마음을 조율해 나가는 역동적 과정 그 자체에 의의가 있다. 「말」에는 그 조율과정이 드러난다. "달리는 말"이든 "쏟아낸 말"이든 "외상도 내상도 말로 입는다"는 것. 그래서 시적 주체는 "고삐를 단단히 쥐"는 균형감각과 조율의 과정을 내재화한다. 이는 정념이 지닌 유용성과 선한 본성을 제대로 활용하기 위함이다.

말의 고삐를 쥐었다
발로 옆구리를 찰 때마다 말은 속도를 내고
누가 내 옆구리를 찌를 때마다 말은 거칠게 쏟아진다

달리는 말
쏟아낸 말
외상도 내상도 말로 입는다

말이 말을 타고 달린다

고삐를 단단히 쥐지 않으면
순식간에 잃어버리는 말과 말

—「말」 전문

그래서 양지미 시인은 "바닥"은 "그렇게 쉽게 친다고 해서는 안 되는 말"(「바닥」)이라고 생각하고 "머리를 짧게 자르며 말도 짧게 잘라 주"는 지혜를 발휘한다. 또한 "다시 돌아가자는 말과/자주 온다는 말로 솜사탕을 만들어 쥐어 주"어 "솜사탕 먹은 귀"가 "달콤해져서 스르르 깊은 잠에 빠져들"(「오늘의 식목」) 수 있도록 배려한다. 이것은 귀가 소화할 수 없는 말들로 식은땀과 눈물을 흘리고 불면의 밤을 지새운 날들이 있었기 때문에 지니게 된 '균형감각'과 '관대함'인 것이다. 이러한 태도는 "온도가 다른" 서로의 "눈빛"이 "저마다의 속도로 눈길을 걸어" 오기에 "세상의 중심에 네가 있고 내가 있다"라는 사실을 수긍한다. 그러므로 우리의 관계는 "익어가거나/식어가거나"(「눈(眼)의 연금술」) 할 수 있다. 물론 익어가면 더 좋겠지만 그쪽이 아니더라도 "그래도-괜찮아"(「그래도」)라고 서로에게 표현한다면 덜 상처받는다. 말이 오는 것은 마음이 오는 것이고 마음이 오는 것은 전부가 오는 것이니 말이다. 이렇듯 여전히 말과 마음의 힘을 믿는 태도는 상대방에게 거짓된 미소, 침묵, 거짓된 핑계, 침묵, 다시 기나긴 침묵으로 일관하거나 난장과 폭언이라는 예의 없음을 이기는 힘은 예의 바른 호소가 아니라 더 강력한 무례라는 생각이 만연되고 있는 세상에서 섬세하면서도 강한 양지미 시인만의 시적 근력이다.

3. 자연만큼 자연스럽게, 삶을 삶답게

대다수 사람들의 내면에는 부자연스러움의 무게를 재는 '저울'이 있다. 관계에 있어서 그 저울이 기울까 봐, 달리 말해 감정이든 물질이든 손해를 볼지도 모를까 봐, 불안과 초조함으로 전전긍긍해 한다. 속으로 저울을 재는 모습을 감추고 최대한 자연스럽게 보이려고 애쓰는 삶을 수십 년간 지속한다. 그러나 그들은 알까? 저울의 균형을 맞추느라 어떤 선택지에도 기울지 않으려고 발버둥 치는 동안 인생이 낭비되어버린 것을. 그래서 「양팔저울」의 "전문가"는 단호하게 말한다. "사랑의 저울은 절대 대칭되지 않는다고". 「시소게임」 역시 "가고 오는 걸음이 뜻대로 되지 않"는 것이고 "한 번도 이긴 적 없는 가난한 싸움"이다. 이처럼 인간사에서도 기울어진 관계가 사랑일진대 인간과 자연의 관계는 말해 무엇할까? 자연이 인간에게 보여주는 사랑은 「불멸의 호객행위」에서 알 수 있듯 대놓고 기울어진 관계이다.

저 풀들의
저 꽃들의
저 나무들의
호객행위가 없었다면 산에 들지 않았을 것이다
밥 먹었냐고 아무도 묻지 않는 날들이 길어
사람이 사랑일까 이런 생각하다가
눌러 놓아도 새어 나오는
제멋대로 퉁퉁 불어나는 혼자
그것들과 오래 입 맞추고 싶지 않아
두 발로 꾹꾹 마음 바닥 눌러가며 산을 오른다
아직 덜 여문 얇은 연두까지
제 한 몸 기꺼이 흔들며
어서 오라고 손짓하는 산
온몸에 빽빽한 털을 세워서
야윈 심장을 간지럽히는
처음 본 얼굴과도 하룻밤을 섞는
어색함을 모르는 뼈 없는 여자처럼
낯 두꺼운 호객행위
참!
괜찮은 삐끼다
온 산이 삐끼다

바람마저 삐끼다

—「불멸의 호객행위」 전문

우리는 "밥 먹었냐고 아무도 묻지 않는 날들이 길어/사람이 사랑일까" 하는 회의가 들 때, 그래서 "제멋대로 퉁퉁 불어나는 혼자"라는 생각에 빠져들 때, "두 발로 꾹꾹 마음 바닥 눌러가며 산을 오른" 경험이 있다. 사람에게 상처받아 스스로가 허공에서 뜯겨나가 너덜거린다고 느껴지는 순간, 산은 "제 한 몸 기꺼이 흔들며/어서 오라고 손짓"한다. "처음 본 얼굴과도 하룻밤을 섞는/어색함을 모르는 뼈 없는 여자처럼" 적극적으로 나에게 구애를 한다. 외로움이 깊어지면 육체는 영혼 쪽으로 기울게 된다. 그제야 시적 주체는 자연이 유일하게 정박할 수 있는 항구이자 우주의 중심이라는 것을 깨닫는다.

또한 자연은 인간이 만들어 놓은 편협한 규칙 따위 아랑곳없이 원하는 제 몫의 삶을 사는 존재이기도 하다. 자기 세계가 너무 협소한 나머지 그 한 귀퉁이의 흔들림도 견디지 못하는 인간의 삶과는 대조적이다. 「봄날의 이삿짐」과 「나무의 모세혈관」은 그러한 자연의 존재 방식을 잘 드러내는 시이다. 세세하게 정리된 구체적인 지시 사항이 없어도 "봄바람이 풀어놓은 이삿짐에는/눈 흘길 구석 하나 없다". "흙 마당에 아무렇게 펼쳐놓아도/낯가림 없이 제자리"를 찾기에 꽃은 피었다가 봄눈처럼 지고 이후에는 여름의 신호인 "초록의 카드섹션"이 자연스럽게 등장한다.

봄바람이 풀어놓은 이삿짐에는
눈 흘길 구석 하나 없다
흙 마당에 아무렇게 펼쳐놓아도
낯가림 없이 제자리 찾는다
구름 뒤 수줍던 햇살까지 불러내
따끔따끔 서툰 농담도 던진다
폭죽처럼 핀 꽃 봄눈같이 지고 나면
비늘처럼 일어나는 초록의 카드섹션
하늘도 웬만큼 자리를 내어줄 요량이다

—「봄날의 이삿짐」 전문

나무에 잎이 하나도 남아 있지 않다는 건
고해의 계절이 돌아왔다는 것

죄 없는 햇빛과
죄 모르는 바람이
나무를 샅샅이 훑고 지나가는데

일 년에 두 번
고해소를 찾는 나는

수시로 색을 바꾸는 마음에
분칠한 속을 털어놓고는
다소곳한 얼굴이 되어 나오는데

나무는
봄 여름 가을 내내 떳떳했노라고
시린 겨울 하늘에
가는 모세혈관까지
당당하게 펼쳐 보이고 있다

—「나무의 모세혈관」 전문

「나무의 모세혈관」에서 자연의 '자연다움'은 그것이 상실에 대응하는 방식으로 엿볼 수 있다. 인생과 사랑을 '저울'로 재단하는 시각에서는 "나무에 잎이 하나도 남아 있지 않다는 건" 상실의 계절일 뿐이다. 그러나 나무는 상실을 상실로 받아들이지 않는다. 오히려 "나무는/봄 여름 가을 내내 떳떳했노라고/시린 겨울 하늘에/가는 모세혈관까지/당당하게 펼쳐 보이고 있다". 고통과 희열이 뒤섞인 삶의 복잡한 감흥을 있는 그대로 받아들이는 것이다. "수시로 색을 바꾸는 마음에/분칠한 속을 털어놓"아야만 번잡함을 다스릴 수 있는 "나"와는 다른 존재 양식이다. 우리는 살아가면서 필연적으로 많은 것을 잃어버린다. 그때마다 불가피한 상실에 대해 씁쓸하게 냉소

하거나 과장해서 엄살떨지 않고 아직 남아 있는 것들을 음미하고 당당하게 행동하라고 나무는 충고하는 듯 보인다.

상실에 대한 이러한 자세는 "몸에 물기가 서서히 빠지는"(「노거수」) 늙음을 받아들이고 긍정한다. 그것은 일부러 모른 척한 시간도 있었지만 "얼룩진 기억도 희미해지고/가여운 눈빛만 고스란히 남아//한 번도/내 맘에서 구겨진 적 없는 어머니"(「포장」)와 "짐 많은 지게"로 평생을 살다 "지게와 같이 낡고 병든 아버지"의 삶을 "오래된 슬픔"(「슬픈 몸은 옆으로 눕는다」)으로 이해하고 공감하게 한다. 더욱이 시인은 여기에서 한 걸음 더 나아가 그러한 이해와 공감을 "지구라고 이름 붙인 둥근 오아시스"(「오래된 부케」)로까지 사유로서 확장한다.

뼈들의 신음 자주 들렸다
골다공증 초기라며 의사는 걷기를 권했다
양지바른 교회 앞 8차선 도로
무거운 짐 진 자들은 다 내게로 오라
펄럭펄럭 현수막이 손짓하는 길
빨간 지시등을 든 사내가 갈 길 바쁜 사람들을 막아 세웠다
움푹 파인 피부, 튀어나온 뼈
병명 없는 병을 앓고 있는 길
그 길 위로 바퀴뿐인 둥근 미싱이 전진 후진하더니

박음질 표시 없이 매끈하게 꿰매졌다
신음 같은 뜨거운 호흡마저 없었다면 고통도 하나 없는 줄 알았다
갑자기 그 길 위에 쏟아지는 비
허둥대며 흩어지는 사람들 발아래
방금 수술 끝낸 아스팔트가
진득진득 검은 눈물을 토해내었다
양지바른 교회를 열렬하게 드나드는 수많은 신도들 밟고 다닌 길
단정한 의복 단정한 박자로 신실한 사람들이 종횡무진 하던 길
그들의 옷 속에 깊이 감춘 삶의 무게
온몸으로 받아냈을 침착했던 저 길
그렇게 병든 저 길의 눈물
때로는 아스팔트도 눈물을 흘린다는 사실
골다공증을 앓게 된 나이가 되어서야
비로소 알았다

—「아스팔트의 눈물」 전문

사실, 길가에 피어 있는 풀 한 포기나 들꽃 한 송이도 단순한 삶을 누릴 수 없다. 그만큼 이 세계의 모든 존재들에게 삶은 복잡다단한 그 무엇이다. 그것은 아스팔트도 예외가 아니

다. 「아스팔트의 눈물」의 주체는 골다공증을 앓게 된 나이가 되어서야 사람들의 "옷 속에 깊이 감춘 삶의 무게"를 "온몸으로 받아냈을" '아스팔트의 눈물'을 인지한다. 현대사회는 진정성은 용인하지 않으면서 의례적인 감정으로 넘쳐나는 곳이다. 그렇기에 사랑은 감정이기보다 행위여야 한다. 진심으로 사랑한다면 가만히 있을 수 없다. 위의 아스팔트처럼 움푹 파이고 뼈가 튀어나오거나 검은 눈물을 토해낸다. 의례적인 삶을 거부할 수 있는 길은 그저 삶을 '삶 자체'로 받아들이는 것이다. 우리는 외모, 태도, 언행, 주변 사람들의 평가 등 온갖 다양한 요소들로 번잡하고 피로한 사랑 밖의 세계에 살고 있다. 그것들은 나의 진정한 본성에 대해 계속 거짓을 유도한다. 나의 진정한 정체성과 감정을 잊는다면, 하찮은 존재들의 중요함을 이해하지 못한다면, 그때 나는 길을 잃을 것이다. 『사라진 입술들』은 순수하고 정직한 정념에서 출발한 정체성의 시적 여정을 누구나 공감할 수 있는 경험과 감성들로 친숙하게 접근하여 깊이 있게 성찰하여 이루어낸 시집이다.

시인동네 시인선 221

사라진 입술들

초판 1쇄 인쇄 2023년 12월 1일
초판 1쇄 발행 2023년 12월 8일
지은이 양지미
펴낸이 김석봉
디자인 헤이존
펴낸곳 문학의전당
출판등록 제448-251002012000043호
주소 충북 단양군 적성면 도곡파랑로 178
전화 043-421-1977
전자우편 sbpoem@naver.com

ISBN 979-11-5896-626-3 03810